BEI GRIN MACHT SICH IHR WISSEN BEZAHLT

AF152882

- Wir veröffentlichen Ihre Hausarbeit, Bachelor- und Masterarbeit

- Ihr eigenes eBook und Buch - weltweit in allen wichtigen Shops

- Verdienen Sie an jedem Verkauf

Jetzt bei www.GRIN.com hochladen und kostenlos publizieren

Nadine Wackenhut

Kinder und Hochleistungssport: Ethische Infragestellung des Leistungsdrills am Beispiel der Li Xiaoshuang-Gymnastikschule

GRIN Verlag

Bibliografische Information der Deutschen Nationalbibliothek:

Die Deutsche Bibliothek verzeichnet diese Publikation in der Deutschen National-
bibliografie; detaillierte bibliografische Daten sind im Internet über http://dnb.d-
nb.de/ abrufbar.

Impressum:

Copyright © 2011 GRIN Verlag GmbH
Druck und Bindung: Books on Demand GmbH, Norderstedt Germany
ISBN: 978-3-656-50053-7

Dieses Buch bei GRIN:

http://www.grin.com/de/e-book/233041/kinder-und-hochleistungssport-ethische-
infragestellung-des-leistungsdrills

GRIN - Your knowledge has value

Der GRIN Verlag publiziert seit 1998 wissenschaftliche Arbeiten von Studenten, Hochschullehrern und anderen Akademikern als eBook und gedrucktes Buch. Die Verlagswebsite www.grin.com ist die ideale Plattform zur Veröffentlichung von Hausarbeiten, Abschlussarbeiten, wissenschaftlichen Aufsätzen, Dissertationen und Fachbüchern.

Besuchen Sie uns im Internet:

http://www.grin.com/

http://www.facebook.com/grincom

http://www.twitter.com/grin_com

Inhaltsverzeichnis

1 Einleitung

Sucht man im Internet nach Informationen über die Li Xiaoshuang - Gymnastikschule in China, trifft man auf Bezeichnungen wie „Schule der Drachen" oder „Schule der Schmerzen". Doch leiden die Kinder in dieser Einrichtung wirklich so sehr? Welche Methoden wenden die Trainer an, um die jungen Turnerinnen und Turner zu künftigen Olympiasiegern zu machen? Wie sieht der Tagesablauf der Kinder an dieser Schule aus und wie ergeht es ihnen dabei? Die Beantwortung all dieser Fragen steht im Mittelpunkt der vorliegenden Arbeit.

Nachdem ich für die Erörterung des Themas wichtige Begriffe geklärt habe, werde ich einen Blick auf den geschichtlichen Hintergrund der Li Xiaoshuang - Schule werfen und darlegen, wie und wozu die Schule gegründet wurde. Danach soll die aktuelle Situation des Internats beschrieben werden, indem ich auf die Problematik im Zusammenhang mit der Entwicklung und dem Aufwachsen der Kinder eingehe. Im Anschluss möchte ich meinen Lesern den Einblick in den Tagesablauf eines Kindes an dieser Schule geben und werde aufzeigen, mit welchen Methoden die Trainer ihr Ziel, zukünftige Olympiasieger vorzubereiten, erreichen wollen. Abschließend werde ich meine eigene Meinung und Verbesserungsvorschläge in einem Fazit äußern.

.

1.1 Begriffsklärungen

1.1.1 Das Kind

Der Begriff „Kind" wird je nach Wissenschaft unterschiedlich definiert. Meist ist er Begriff jedoch mit einer Altersbegrenzung von drei bis vierzehn eingeschränkt. Laut der Kinderrechtskonvention (CRC; Convention on the Rights of the Child) sind Kinder „alle Menschen unter 18, es sei denn, ein relevantes nationales Gesetz setzt die Volljährigkeit an ein jüngeres Alter.[1] " Allgemein betrachtet ist es ein „Nachkomme von einem Mann und einer Frau" und ein Mensch, der sich in „einem frühen Lebensabschnitt" befindet.[2] Kinder sind keine Miniatur- Erwachsenen und haben bestimmte Bedürfnisse. Vor Allem Bindungspersonen sind für Kinder sehr wichtig, denn sie sind „ein wichtiger Grundpfeiler für emotionale Stabilität und ein gesundes Selbstwertgefühl.[3] "

1.1.2 Der Leistungssport

Unter Leistungssport wird das intensive Training einer bestimmten Sportart verstanden. Während des Trainings findet eine stetige „Reizsteigerung zur Erzielung von permanenter Leistungssteigerung" statt.[4] Ziel dieses Trainings ist es, „Spitzenleistungen im internationalen Maßstab zu erzielen.[5] " Zum Leistungssport gehört allerdings nicht nur das dauernde Training, sondern auch das Achten auf eine gesunde und ausgewogene Ernährung und regelmäßige Trainingskontrollen. Leistungssport fordert eine besonders hohe Disziplin. Er beinhaltet allerdings auch gewisse Risiken: durch Übertraining besteht die Gefahr, dass die Leistung sinkt und durch falsche Technik oder Bewegungsabläufe können Muskeln, Sehnen, Gelenke etc. Schaden nehmen.[6] Menschen, die Leistungssport betreiben, benötigen oft sportpsychologische Betreuung, da vor Wettkämpfen ein enorm hoher, psychischer Druck auf ihnen lastet.

---

[1] Human Rights Education Associates (2003): http://www.hrea.org/index.php?doc_id=214 (28.3.2011)

[2] Zirkelbach: http://www.info-magazin.com/index.php?suchbegriff=Kind (28.3.2011)

[3] Bodenmann / Gröbli: http://www.psychologie.uzh.ch/fachrichtungen/kjpsych/Einfuehlseltern.pdf (29.3.2011)

[4] Honeck (2010/2011): http://www.klausschenck.de/ks/downloads/h31christinaleistungssport.pdf (28.3.2011)

[5] Petersen: http://www.sportreha-kiel.de/67/Sportphysiotherapie/Leistungssport.html (29.3.2011)

[6] vgl. Dinter: http://dintersport.de/html/leistungssport.php (30.03.2011)

2. Geschichtlicher Hintergrund der Li Xiaoshuang - Schule

Seit der Vorbereitung Pekings auf die Olympischen Spiele 2008 wurde die Sucht und das Verlangen nach Erfolg und Goldmedaillen in China immer größer, so dass immer mehr Turnschulen in den Provinzen entstanden, in denen kleine Kinder zu Spitzensportlern ausgebildet werden sollen.

Auch in der chinesischen Stadt Xiantao, die sich in der ruhigen, traditionellen Provinz Hubei in Zentralchina befindet, steht eine solche Schule, die zugleich ein Wohnheim für die Nachwuchstalente ist.

Die Schule ist heute nach dem chinesischen Turner und zweifachen Olympiasieger Li Xiaoshuang benannt, der 1992 bei den Olympischen Sommerspielen in Barcelona im Bodenturnen und 1996 in Atlanta als erster Chinese im Mehrkampffinale eine Goldmedaille gewann. Er selbst ging auf diese Schule, die 1971 gegründet wurde, als der Sportlehrer Ding Xiapeng die Idee hatte, nach talentierten Bauernkindern zu suchen und diese zu Profisportlern zu machen.

Alles begann damit, dass er einen alten Schweinstall, den er vom Parteisekretär seiner alten Schule zu Verfügung gestellt bekommen hatte, zur Turnhalle umgestaltete. Die ersten Schüler waren seine eigenen Kinder. Er war bekannt dafür, Talente zu entdecken und hatte den Ruf vom fürsorglichen Vater im Training zum rücksichtslosen und strengen Trainer zu werden, bei dem man keine Tränen vergießen durfte. War dies doch der Fall, wurden sie geschlagen.[7] Zwei Jahre später konnten die Schüler schon ihre ersten Erfolge feiern und stiegen in die Auswahl der Provinz und den Nationalkader auf.[8]

3. Aktuelle Situation der Gymnastikschule

3.1 Problematik in Bezug auf Kindheit

Heute sind etwa 100 Kinder in dieser Schule, die nun ein Internat ist, untergebracht. Nur die wenigsten der Kinder, von denen die jüngsten gerade einmal drei Jahre alt sind, wohnen bei ihren Eltern, der Rest lebt im Li Xiaoshuang - Internat. Sie wurden von Talentspähern

---

[7] vgl. Großekathöfer (2007): http://www.spiegel.de/spiegel/print/d-50343995.html (26.03.2011)
[8] vgl. Erling, (2006): http://www.welt.de/print-welt/article211302/Schule_der_Schmerzen.html (25.03.2011)

entdeckt oder von Familien aus ganz China geschickt, in denen Mädchen im Gegensatz zu Jungen kaum etwas wert sind.[9]

Dass der Großteil der Kinder im Internat untergebracht ist und seine Eltern nur ein Mal pro Jahr sieht, stellt ein großes Problem dar: Kinder mit guten sozialen Ressourcen, fürsorglichen Eltern und einem sicheren Bindungsverhalten empfinden Anforderungen als weniger belastend und können Probleme und schwierige Aufgaben besser bewältigen als Kinder, die keine feste Bindungsperson in ihrem Umfeld haben. Aufgrund des wenigen Kontaktes zu ihren Eltern und deren fehlender Rückhalt sind die Trainer der Kinder in den ersten Monaten ihres Aufenthaltes an der Schule oft eine Art Vater - oder Mutterersatz. Im Training allerdings sind sie sehr hart und streng zu den Kindern: Sie gehen, ausgestattet mit einem Stock in der Tasche, zu neunt durch die Halle und treiben die Kinder mit ständigen Zurufen, dass sie weiter machen sollen, an.[10]

Auch die Ein- und Umgewöhnung an das Haus, die vielen anderen Kinder, den strikten Tagesablauf und den strengen Umgangston während des Trainings fällt den meisten Kindern schwer, so dass sie bis zu einem Jahr andauern kann. Auch in Situationen, in denen die Kinder sich verletzen oder Schmerzen haben wäre eine enge Bindungsperson wichtig, da deren Nähe und Zuwendung beruhigend auf Kinder wirkt. Schmerzen lassen sich nämlich in verschiedene Arten aufteilen: es gibt jenen Schmerz, der durch Trost der Bindungsperson wieder vergeht, ohne eine größere Verletzung zu hinterlassen. Eine andere Art des Schmerzes ist der, der von den Eltern beziehungsweise dem Arzt, je nach Ausmaß, versorgt werden muss. Beim Leistungssport gibt es allerdings auch den Schmerz, durch den zwar keine Schädigung entsteht, der aber bei einer Sportart wie Turnen in Kauf genommen werden muss.[11]

Abgesehen von den körperlichen Anstrengungen die das Training abverlangt, lastet ein enorm hoher Druck auf den Kindern, da hohe und zum Teil auch überfordernde Erwartungen von den Trainern und ihren Eltern an sie gestellt werden. Wenn sie diese nicht erfüllen können, werden sie nach Hause geschickt. Dies besagt auch einer der 88 Schulverse der Li Xiaoshuang- Gymnastikschule, die die Kinder während des Trainings manchmal aufsagen müssen: "Bist du ein Angsthase, dann schaffst du die Übungen nicht- dann mußt du deinen Schulranzen packen und nach Hause gehen." [12]

---

[9] vgl. Großekathöfer (2007): http://www.spiegel.de/spiegel/print/d-50343995.html (26.03.2011)

[10] vgl. Richartz, Hoffmann, Sallen (2009), S. 51- 53

[11] vgl. Richartz, Hoffmann, Sallen (2009), S. 152 ff

[12] Erling (2006): http://www.welt.de/print-welt/article211302/Schule_der_Schmerzen.html (25.03.2011)

Einmal im Jahr werden die Kinder geprüft, ob sie stark, hartnäckig und zielstrebig genug sind, um an der Schule zu bleiben. Dass aus dem Gefühl, Anforderungen nicht gerecht werden zu können, bei Kindern schnell psychosomatische Beschwerden wie innere Konflikte, Stress oder übertriebene Ängste werden können, spielt für die Eltern eine eher nebensächliche Rolle, wenn sie ihre Kinder ins Internat schicken: die Vorstellung von Medaillen, Rum, Ehre und nicht zuletzt dem vielen Geld, das sie durch Staatsprämien und Werbeeinnahmen bei olympischem Erfolg einnehmen könnten, ist einfach zu verlockend. Die Mutter einer Schülerin sagt in einem Interview, sie wünsche sich schon seit ihrer Hochzeit ein Kind, das erfolgreich ist. Der Vater des Mädchens ergänzt, dass er alles dafür tun wird, um „zum Erfolg von Chinas Turnen beizutragen".[13]

3.2 Tagesablauf und Trainingsmethoden im Internat

Neben dem Gymnastiktraining, das an sechs Tagen der Woche stattfindet, erhalten die Kinder auch Schulunterricht im Internat. Dass dieser zwar auch wichtig ist, jedoch nicht an erster Stelle steht, ist leicht zu erkennen: die Kinder sind nicht einmal im Besitz von Schreibheften. In den vier Stunden am Morgen, in denen sie entweder Chinesisch -, Mathematik -, Naturwissenschafts - oder Englischunterricht haben, ziehen sie die Schriftzeichen mit den Fingern auf ihrem Pult nach. Den Schulunterricht besuchen ist jedoch nicht das Erste, was die Kinder nach dem Aufstehen und Zähneputzen um 6 Uhr früh tun. Nachdem die Kinder aus ihrem Bett, in dem sie teilweise aufgrund der Kälte zu viert schlafen, gekrochen sind, müssen sie zum Frühsport antreten. Für das Frühstück ist nur etwa eine Viertelstunde Zeit, erst dann ist Schulunterricht angesagt. Auch im Klassenzimmer werden die jungen Sportlerinnen und Sportler an die Wichtigkeit von Disziplin erinnert: Neben der Tafel hängt ein großes Schild, auf dem geschrieben steht: „Tägliches Training ist gesund." Nach dem Mittagessen mit darauf folgendem Mittagsschlaf beginnt die nächste Trainingseinheit. Sechs Tage der Woche läuft es so ab, insgesamt trainieren sie vier Stunden pro Tag.[14]

Die Eltern der Kinder bezahlen viel Geld für deren Aufenthalt: 3000 Yuan pro Semester, das sind 296 Euro. Doch nicht jedes Kind wird aufgenommen, zuerst muss jedes einen Aufnahmetest durchlaufen, bei dem es auf sein Talent im Laufen und Springen geprüft

---

[13] http://www.youtube.com/watch?v=TZraZ96E7jk (28.03.2011)
[14] Großekathöfer (2007): http://www.spiegel.de/spiegel/print/d-50343995.html (26.03.2011)

wird. Außerdem wird der Körperbau und die Wachstumsfuge untersucht, um festzustellen, wie groß die Kinder später einmal werden und ob sie überhaupt fürs Turnen geeignet sind.[15] Die Trainingsmethoden am Internat sind brutal: die Kinder werden zur Dehnung an den Boden gedrückt, müssen mehrmals hintereinander fünf Minuten am Stück zur Kräftigung ihrer Arme im Handstand stehen oder sich eine Zeit lang von der Sprossenwand hängen lassen, damit ihre Arme in die Länge gezogen werden. Sie trainieren trotz aufgeplatzter Hände weiter und sollen keine Tränen zeigen.

Auch dies besagt einer der 88 Verse: „Menschen aus Eisen weinen nicht. Sei stark, damit der Lehrer dich liebt. Sei tapfer. Quäle dich. Gewinne Gold. Sei ein Held. Dann wird dein Ruf die Welt erobern!" Schwächeln die Kinder, werden sie gegen die Arme geboxt und mit Sätzen wie: „Mach weiter!", „Du Versagerin!" oder „Was willst du hier?" angetrieben. Die kleinen Turnerinnen und Turner haben gelernt, ihre Tränen zu verstecken.[16]

Zum Thema Gewalt sagt eine Trainerin der Gymnastikschule bei einem Interview, die Kinder zu schlagen, sei eine Ausnahme. Viel lieber belohne sie die Kleinen, um sie zu motivieren.[17]

Dass alle Welt von den Zuständen und Methoden der Schule schockiert ist, ist schon allein daran zu erkennen, wie viele Bilderstrecken im Internet und Zeitungsartikel über sie kursiert. Auch von ungläubigen Zuschauern kommentierte Videos, die die Kinder beim anstrengenden Training zeigen, findet man im Netz.

Doch für den Traum der wirtschaftlichen Großmacht, Sporthelden zu formen, Gold für China zu holen und an der Spitze des Weltsports zu stehen, nehmen die Chinesinnen und Chinesen so einiges in Kauf. Sie sehen die chinesische Flagge schon über dem Olympiastadion wehen und wollen so viele Goldmedaillen wie möglich für ihr Land gewinnen, koste es, was es wolle.[18]

---

[15] vgl.Großekathöfer (2007): http://www.spiegel.de/spiegel/print/d-50343995.html (26.03.2011)

[16] vgl. Großekathöfer (2007): http://www.spiegel.de/spiegel/print/d-50343995.html (26.03.2011)

[17] vgl. Erling (2006): http://www.welt.de/print-welt/article211302/Schule_der_Schmerzen.html (25.03.2011)

[18] vgl. Lim (2008): Boarding Schools Generate China's Sport Stars
http://www.npr.org/templates/story/story.php?storyId=92479526 (29.03.2011)

4 Fazit

Wie man also erkennen kann, sind die Trainingsmethoden am Internat wirklich sehr hart und die Kinder leiden während des Trainings sehr. Dass diese Art von Training, wie sie an der Li Xiaoshuang - Gymnastikschule betrieben wird, erfolgreich ist, sieht man, wenn man einen Blick auf die olympischen Erfolge der bisherigen chinesischen Turnerinnen und Turner wirft. Einen gewissen Ehrgeiz und Disziplin zu haben, ist völlig legitim und logischerweise auch bei jedem der teilnehmenden Länder vorhanden. In China allerdings nimmt diese Medaillensucht und das Streben nach immer größeren Erfolgen meiner Meinung nach inzwischen überhand und ich empfinde die Art und Methoden des Trainings, sowie der Umgangston währenddessen, für Kinder völlig ungeeignet und damit nicht moralisch vertretbar. Für mich ist wichtig, dass Rücksicht auf jedes Kind im Einzelnen, seine Interessen und Bedürfnisse genommen wird. Dies kommt jedoch bei einem solchen Training und einem Tagesablauf wie diesem viel zu kurz. Kinder brauchen Zeit für sich, um zu Spielen und damit neue Erfahrungen und Erlebnisse zu verarbeiten.

Eine Möglichkeit, das Training humaner zu gestalten, wäre spielerisches Lernen, also ein Training, dessen Übungen auf Spielen basiert bzw. ein Trainingsplan, der auch Zeit für Spiel und Spaß enthält. Da man damit aber höchstwahrscheinlich keine Spitzenleistungen bei den Kindern erzielen kann, wäre dies sicher keine Alternative für die Gymnastikschulen in China.

Ich hoffe, dass die Kinder der Gymnastikschule in Xiantao erfolgreich werden, damit sich ihre Mühe und Anstrengung lohnt. Noch viel wichtiger ist jedoch, dass den Eltern, Trainerinnen und Trainer bewusst wird, dass die kleinen Spitzensportler immer noch Kinder sind und auch so behandelt werden müssen. Denn wie man sieht ist es nahezu unmöglich, die Chinesinnen und Chinesen von ihrem Weg, der möglicherweise in der Zukunft des Öfteren auf das olympische Siegertreppchen führen wird, abzuhalten.

5 Literaturverzeichnis

Bodenmann, Guy/ Gröbli, Corinne (2010):

Einfühlsame Eltern. Grundlage für eine sichere Bindung und gesunde Entwicklung.

http://www.psychologie.uzh.ch/fachrichtungen/kjpsych/Einfuehlseltern.pdf (29.3.2011)

Erling, Johnny (2006): Welt Online. Schule der Schmerzen.

http://www.welt.de/print-welt/article211302/Schule_der_Schmerzen.html (25.03.2011)

Großekathöfer, Maik (2007): Spiegel Online. Kunstturnen. Die Schule der Drachen.

http://www.spiegel.de/spiegel/print/d-50343995.html (26.03.2011)

Honeck, Christina (2010/2011): Leistungssport- auch Kampf gegen sich selbst.

http://www.klausschenck.de/ks/downloads/h31christinaleistungssport.pdf (28.3.2011)

Human Rights Education Associates (2003): Kinder- und Jugendrechte.

http://www.hrea.org/index.php?doc_id=214 (28.3.2011)

Lim, Louisa (2008): Boarding Schools Generate China's Sport Stars.

http://www.npr.org/templates/story/story.php?storyId=92479526 (29.03.2011)

Petersen, Ingrid: Leistungssport.

http://www.sportreha-kiel.de/67/Sportphysiotherapie/Leistungssport.html (29.3.2011)

Richartz, Alfred/ Hoffmann, Karen/ Sallen, Jeffrey (2009):

Kinder im Leistungssport. Chronische Belastungen und protektive Ressourcen.

Schorndorf: Hofmann-Verlag

Zirkelbach, Andreas: Info- Magazin. Kind - Definitionen, Erklärungen, Bedeutungen und

Glossar.

http://www.info-magazin.com/index.php?suchbegriff=Kind (28.3.2011)

China Xiantao Kinderdrill Kunstturnen Turntalente.

http://www.youtube.com/watch?v=TZraZ96E7jk (28.03.2011)

DokuClub. Tränen und Träume- Chinas Kinderturnfabrik.

http://www.youtube.com/watch?v=Mq4tqpzQaOE&feature=related (25.03.2011)